APOLOGIE

DES ALLEGORIES

DE RUBENS ET DE LE BRUN,

INTRODUITES DANS LES GALERIES

DU LUXEMBOURG ET DE VERSAILLES;

SUIVIE

De quelques pieces fugitives relatives aux Arts.

Par M. DANDRÉ BARDON, Adjoint à Recteur en l'Académie Royale de Peinture & de Sculpture.

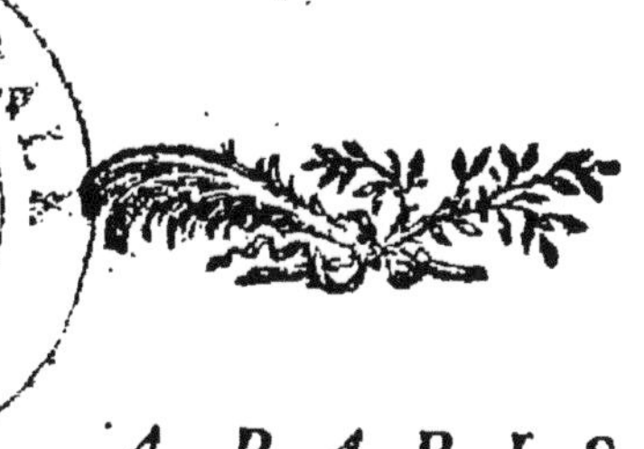

A PARIS,

De l'Imprimerie de LOUIS CELLOT, rue Dauphine.

M. DCC. LXXVII.

Avec Approbation de l'Académie & Privilege du Roi.

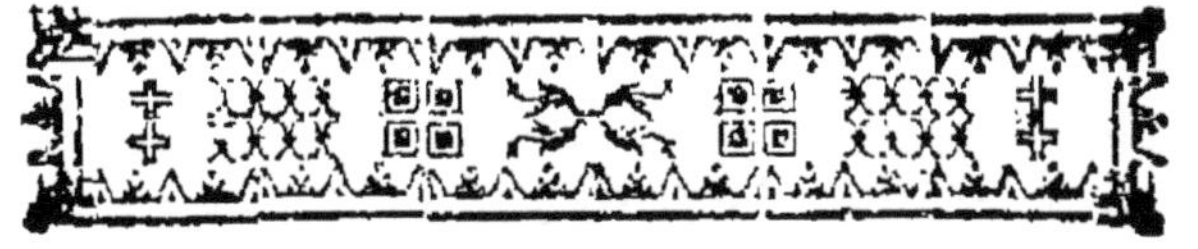

A MONSIEUR

LE

COMTE D'ANGIVILLER;

Conſeiller du Roi en ſes Conſeils, Meſtre-de-Camp de Cavalerie, Chevalier de l'Ordre Royal & Militaire de Saint Louis, Commandeur de l'Ordre de Saint Lazare, Intendant du Jardin du Roi, Directeur & Ordonnateur-Général des Bâtimens de Sa Majeſté, Jardins, Arts, Académies & Manufactures Royales, de l'Académie Royale des Sciences.

MONSIEUR,

JE deſirois depuis long-tems une occaſion de vous donner un témoignage public de ma juſte reconnoiſſance & de mon attachement perſonnel. Je la trouve aujourd'hui dans le petit ouvrage que j'ai entrepris, pour la défenſe de Rubens

& de le Brun, contre un redoutable adverſaire. Le ſuffrage de l'Académie me donne la confiance de le publier. D'aignez, MONSIEUR, *en accepter l'hommage; rien ne ſera plus capable de flatter, ſur la fin de ſa carriere, un Artiſte qui s'eſt toute ſa vie occupé de ce qui pouvoit être utile aux Arts, & pour qui les regards favorables dont vous honorerez cet Ouvrage ſeront la plus précieuſe approbation.*

Je ſuis avec un profond reſpect,

MONSIEUR,

Votre très-humble & très-obéiſſant ſerviteur,

DANDRÉ BARDON.

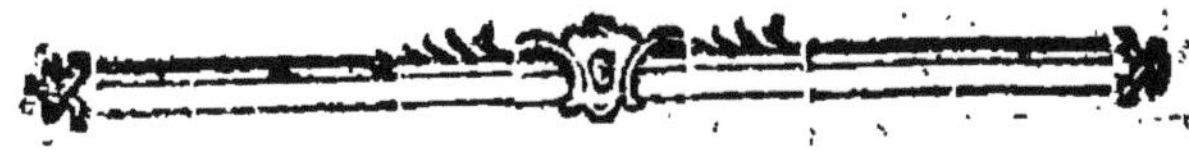

AVIS PRELIMINAIRE.

L'EXAMEN que l'on expose ici de quelques réflexions critiques, publiées par le sçavant Abbé du Bos, est le résultat de l'exemple que cet Erudit Littérateur fournit contre lui-même, en démontrant que la réputation des plus Grands Hommes n'est pas à l'abri de la censure. Il critique Rubens & le Brun dans la partie de leur talent, qui concourt avec la Poésie & la Mythologie à la sublimité de l'art de peindre ; & ne craint point de dépriser dans ces grands Artistes, une érudition pittoresque qu'en ce genre, Raphaël lui-même n'a point égalée. Il les contredit sans considérer que les lumieres dont chaque homme célebre s'enrichit, relativement à l'art qu'il professe, le rendent, à cet égard, supérieur aux Auteurs même les plus versés dans plusieurs hautes sciences.

Quelque soin que nous ayons pris de combattre avec fermeté les paradoxes d'ailleurs ingénieux, & par cette raison plus séduisans de notre Adversaire, & que nous soyons très-opposés à sa maniere de penser sur divers objets, nous protestons ici bien sincérement contre les malignes intentions que nous prêteroient ses partisans, s'il en avoit d'assez injustes pour nous soupçonner de vouloir porter atteinte à l'étendue, à la profondeur ou à la solidité de ses connoissances (1). Bien loin de-là, nous pensons que les « Artistes lisent avec fruit son Traité » sur la Poésie, la Peinture & la Mu» sique; que ce livre est le plus utile » en ce genre qu'on ait jamais écrit sur » ces matieres; nous reconnoissons » que ce qui en fait la beauté, c'est » qu'il n'y a que peu d'*erreurs* (tribut » de l'humanité), & beaucoup de » réflexions vraies, nouvelles & pro» fondes (2) ».

(1) Ce mérite, qu'il seroit indécent de contester au sçavant Secrétaire perpétuel de l'Académie Françoise, est fondé sur quantité d'ouvrages sortis de sa plume. Nous n'en citerons qu'un; *son histoire de la ligue de Cambrai*, dont Voltaire dit: elle est profonde, politique, intéressante: c'est un modele en ce genre. Catal. des Ecr. du siecle de Louis XIV, deuxieme part. page 279.

(2) *Ibid.*

D'après cette opinion, que nous empruntons d'un Écrivain fameux, peu suspect dans les éloges qu'il donne à ses contemporains, combien n'est-il pas à craindre que ce livre, devenant, pour ainsi-dire, classique, relativement à plusieurs Eleves, ne séduise, par l'esprit & l'éloquence de son Auteur, ceux qui n'auroient pas la force de résister à ses attraits? Quand on s'intéresse à la gloire des Arts, & à l'avancement des jeunes Artistes, on est autorisé à se précautionner en leur faveur contre les pieges de l'illusion, d'autant plus qu'elle porteroit ici la plus dangereureuse atteinte à la confiance, justement due aux deux plus grands Peintres que les siecles ayent produits dans le genre de l'Allégorie, considérée par rapport à l'intérêt de leur talent.

Persuadés que *ce n'est point manquer de respect au plus Grand Homme, que de remarquer qu'il a failli*, dit un confrere du sçavant Abbé du Bos (1), nous avons osé jetter les yeux sur

(1) Houdar de la Motte, disc. prél. T. 4, p. 14.

quelques unes de ses propositions, qui nous ont paru inadmissibles. Mais dans la crainte de faillir nous-mêmes, nous avons communiqué notre idée au Ministre des Arts ; nous avons plaidé notre cause au tribunal de l'Académie Royale de Peinture & de Sculpture, juge naturel & bien compétent de ces sortes de matieres ; & sur l'approbation dont elle a honoré l'Apologie des Allégories de Rubens & de le Brun (1), nous la publions avec la confiance que le consentement flateur de cette Académie Royale, la participation à son privilege, & notre zele pour la gloire des célebres Artistes, sont capables de nous inspirer.

---

[1] Voyez l'Extr. des Regît. de l'Acad. à la fin de l'ouvrage.

APOLOGIE

DES ALLÉGORIES

INTRODUITES DANS LES GALERIES DU LUXEMBOURG ET DE VERSAILLES,

OU

EXAMEN de quelques réflexions critiques de M. l'Abbé DU BOS *sur les Allégories.*

Par M. DANDRÉ BARDON.

Lue à l'Assemblée de l'Académie le 5 *Juillet* 1777.

MESSIEURS, si le mérite & la réputation des grands Artistes ont pu mettre leurs ouvrages à l'abri de la critique, les Allégories de *Rubens* & de le *Brun* auroient dû échapper à ses traits. Ces chefs-d'œuvre de l'imagination, également ingénieux & sublimes, seroient parvenus à la postérité sans aucune atteinte, si M. L. D. B. n'avoit imaginé un systême tout particulier, qui en déprise une partie.

Le précis de ce systême consiste, premiérement, à condamner les personnages allégoriques inventés depuis environ un siecle. Secondement, à proscrire les personnages allégoriques de tous les sujets d'histoire. Troisiemement, à prétendre que les personnages allégoriques ne doivent point être en action & qu'ils ne doivent être introduits, que comme l'écu des armes ou les attributs des personnages principaux, qui sont des personnages historiques (1). Trois propositions qui nous paroissent insoutenables.

Cependant ce seroit ne saisir que la moitié du systême de M. L. D. B. & lui refuser la justice qu'il mérite, que de ne pas observer en même tems, 1°. qu'il admet les Allégories mixtes;

---

(1) Voyez Tome premier, p. 180 & suivantes de ses Réflexions critiques. Sect. XXIV.

2°. qu'il établit fort judicieusement, que l'on doit user avec modération des personnages allégoriques sur-tout dans la représentation des respectables Mysteres du Christianisme; 3°. qu'il ne faut pas sacrifier la vérité & la force des expressions aux ingénieuses ressources de l'Allégorie. Principes également lumineux & importans pour les Artistes!

Mais le motif essentiel, qui nous fait prendre ici la plume, est d'examiner, si, comme le prétend M. L. D. B. *Rubens* & le *Brun* se sont écartés des vraies regles, que le jugement & le sçavoir, l'esprit & l'intelligence doivent prescrire au sujet de l'Allégorie pittoresque.

M. L. D. B. distingue d'abord en deux especes les personnages allégoriques, en anciens & en modernes. « Les Anciens, ajoute-t il, sont nés » depuis plusieurs années: depuis long-» tems ils ont fait fortune. Ils se sont » montrés sur tant de théatres, que » tout homme un peu lettré les recon-» noît d'abord à leurs atttributs..... » Tout le monde les reconnoît à ce

» qu'ils sont. Ils ont acquis, pour » ainsi dire, le droit *de bourgeoisie* » par le genre humain. Les personna- » ges allégoriques modernes sont ceux » que les Peintres ont inventés depuis » peu, & qu'ils inventent encore pour » exprimer leurs idées. Ils les carac- » térisent à leur mode & ils leur » donnent les attributs, qu'on croit » les plus propres à les faire reconnoî- » tre..... Ceux de la premiere espece » sont les aînés. Ceux de la seconde » sont des cadets, qui depuis une cen- » taine d'années sont sortis du cer- » veau des Peintres. Ce sont des in- » connus, des gens sans aveu, qui ne » méritent pas qu'on en fasse aucune » mention. Ils sont des chiffres, dont » personne n'a la clef & même peu de » gens la cherchent.... L'Inventeur » fait ordinairement un mauvais usage » de son esprit, quand il s'occupe à » donner le jour à de pareils *êtres* (1) ».

En supposant que cette distinction soit juste, l'application que M. L. D. B. en fait aux Allégories introduites dans

(1) Tome II, p. 182.

les Galeries du Luxembourg & de Versailles ne paroît guere équitable. Les personnages qu'il nomme *les aînés* ont été *des cadets* dans leur tems. Ceux qui ont été inventés par les Romains n'étoient point connus des Grecs, & ceux que les Grecs ont inventés ne l'étoient point des Egyptiens. Auroit-ce été là un titre pour proscrire ces symboles allégoriques? Si le sçavant Académicien avoit vécu au commencement de l'établissement de la Monarchie Françoise dans les Gaules, il auroit traité d'*inconnu* le personnage symbolique de la *France*, tel qu'il le désigne. Il n'auroit pas eu plus d'égard pour le symbole connu, qui indique la Ville de *Rome*, s'il avoit vécu dix ans après sa fondation. Ces symboles auroient été à ses yeux des *gens sans aveu*, & il leur auroit refusé *le droit de bourgeoisie*.

Les *cadets*, qu'il déprise si fort, ne doivent point s'en offenser; ils deviendront *aînés* à leur tour. *Rubens* & le *Brun* ont inventé, il est vrai, quelques personnages allégoriques; mais ils les ont faits si ressemblans, qu si analogues à ceux dont les Anciens se sont servis, que tout homme un peu lettré les reconnoît aisément à leurs attributs. Sous la sauve-garde de deux Législateurs aussi respectables dans la république de la Peinture que le sont le *Zeuxis* Flamand & l'*Apelle* François, les Acteurs nouveaux-nés, légitimés dans ces Chefs-d'œuvre, doivent-ils passer pour *des gens sans aveu, qui ne méritent pas qu'on en fasse aucune mention?*

Le Génie de la *Félicité* & de *l'Abondance*, celui de la *Santé*, de l'*amour de la Gloire*, la *Régence* & son *Gouvernement*, la *sûreté* des peuples, tous ces sentimens réels ou métaphysiques personnifiés ne sont point des *chiffres*; ou s'ils en sont pour le vulgaire, les moindres Littérateurs en ont *la clef*. Tous ceux qui s'intéressent aux événemens héroïques de l'Histoire de Louis XIV, ou de celle de Marie de Médicis, s'empressent à chercher cette clef & la trouvent bientôt.

Quel est l'usage qu'on doit faire des personnages allégoriques anciens? M. L. D. B. répond: « Le sentiment

» des personnes habiles est, que ces » personnages ne doivent être intro- » duits qu'avec une grande discrétion, » puisque ces compositions sont des- » tinées à représenter un événement » arrivé réellement & dépeint, comme » on croit qu'il est arrivé (1) ».

Le principe de la discrétion est judicieusement établi. Mais accuseroit-on le *Brun* & *Rubens* d'en avoir manqué dans les peintures dont il s'agit? Introduire quelques figures allégoriques & très-reconnoissables à quiconque n'est pas dépourvu de toute espece de littérature, les introduire dans des tableaux, dont l'historique fait la portion essentielle, ce n'est point, à ce que nous pensons, manquer de discrétion; c'est faire preuve de son jugement & avoir bonne opinion de celui des spectateurs. En effet, ces figures ne sont point postiches ni muettes. Elles expriment énergiquement des circonstances de l'action, que le Peintre n'auroit pu désigner sans elles. Puisque l'Artiste doit *repré-*

(1) Page 184.

senter l'événement, comme on croit qu'il est arrivé, comment est-ce par exemple, que le *Brun* auroit pu indiquer les ordres, que donna Louis XIV, pour attaquer en même tems quatre des plus fortes places de la Hollande, si l'Artiste n'eût eu recours aux artifices de l'Allégorie? C'est la *Gloire* qui montre au Héros la route de ses conquêtes sur le plan que *Minerve* lui présente. A ses côtés sont tranquillement la *Prévoyance* & le *Secret*, tandis que *Mars* & la *Victoire*, qui le précedent, annoncent aux soldats l'ordre de prendre les armes. Aux pieds du Roi sont les plans des quatre Villes, qu'il vouloit attaquer en même tems. Quel est l'homme assez étranger dans la Mythologie, pour ne pas saisir le sujet de ce Tableau?

« Les personnages allégoriques, » ajoute M. L. D. B. ne doivent même entrer dans les occasions, où » l'on peut les introduire, que comme » l'écu des armes, ou les attributs » des principaux personnages histori» ques (1) ».

(1) Page 183.

Il paroît que M. L. D. B. parle ici en Littérateur plus ſenſible à l'exactitude de l'Hiſtoire, qu'aux avantages du talent & aux beautés de l'ordonnance d'un tableau. Il prétend que ces perſonnages allégoriques ne doivent prendre aucune part à l'action, lors même qu'on peut les y introduire ; il veut qu'ils y ſoient des ſtatues muettes placées à côté du Héros. Une pareille compoſition opéreroit-elle un bon effet ? Nous nous en rapportons aux Connoiſſeurs.

En impoſerions-nous à M. L. D. B.? Non. Il ajoute immédiatement après ce que nous venons d'en extraire : « C'eſt ainſi qu'*Harpocrate* le Dieu du » ſilence, ou *Minerve* peuvent être » placés à côté d'un Prince, pour déſi» gner ſa diſcrétion & ſa prudence. Je » ne penſe pas, que les perſonnages » allégoriques y doivent être eux» mêmes des acteurs (1) ».

On peut diſtinguer les perſonnages allégoriques en actifs & en paſſifs. Voici ce que nous voulons dire. L'ac-

(1) Page 183.

tion & le mouvement font le caractere des premiers ; tels sont l'*Activité* la *Vigilance*, qui ordonnent les apprêts d'une guerre ; le *Zele*, le *Courage*, qui combattent l'*Hydre* de la rébellion ; la *Force* & la *Valeur*, qui emportent une citadelle ; le *Rhin* effrayé, qui oppose en vain ses flots à une armée, &c. Les personnages, que nous avons nommés *passifs* ne sont pas ordinairement aussi susceptibles d'action. La *Discrétion*, la *Politique*, la *Sagesse*, la *Paix*, &c. peuvent être placées tranquillement autour d'un Héros, & c'est ce qu'ont observé avec beaucoup d'attention les grands Peintres, dont nous parlons. Cependant de même qu'on peut supposer les *Etres* les plus turbulens enchaînés, ou assoupis par la *Raison* ou par la *Force* ; ceux qui sont les plus tranquilles peuvent être mis en action pour des motifs particuliers. La *Magnanimité* & la *Gloire* peuvent voler sur les traces d'un Conquérant ; la *Discrétion* elle-même peut mettre un frein au *Fanatisme* ; la *Vérité*, la plus pacifique de toutes les vertus, arracher avec violence le mafque, dont l'*Hipocrisie* veut obstinément se couvrir. Tous les personnages allégoriques peuvent donc être représentés dans un état tranquille, ou en action, suivant que l'intérêt du sujet l'exige. Désapprouver, que les personnages symboliques soient eux-mêmes acteurs, c'est vouloir qu'on en dise ce que dit M. L. D. B. au sujet de toutes les Figures allégoriques. « Des personnages, que nous con- » noissons pour des fantômes imagi- » nés à plaisir, des statues à qui nous » ne saurions prêter des passions pa- » reilles aux nôtres ne peuvent pas » beaucoup nous intéresser. Des Ac- » teurs qui ne prennent pas un intérêt » essentiel à l'action sont froids à l'ex- » cès.

» La vraisemblance, dit encore » M. L. D. B. ne sauroit être observée » trop exactement en peinture non » plus qu'en poésie. C'est à propor- » tion de l'exactitude & de la vraisem- » blance, que nous nous laissons sé- » duire plus ou moins par l'imagina- » tion. Or des personnages allégori- » ques employés comme acteurs dans

» une composition historique doivent » en altérer la vraisemblance (1) ».

Appliquons la nouvelle preuve, dont M. L. D. B. étaie son système, au tableau de Rubens, qui représente le *Débarquement* de Marie de Médicis; c'est contre cette composition mixte, qu'il en fait usage tout de suite. En quoi la vraisemblance est-elle choquée dans cette composition? Elle expose dans le plus beau jour l'événement selon la vérité. « La Reine aborde » sur les Galeres de Toscane. On re» connoît même les Seigneurs & les » femmes de condition, qui l'accom» pagnerent, ou qui la reçurent ». M. L. D. B. en convient. Il continue: « Les Nereïdes & les Tritons sonnant » de leurs conques, que *Rubens* a pla» cés dans le port,.... ne font point un » bon effet, suivant mon sentiment ».

Le sentiment de M. L. D. B. ne prouve point que ces accessoires allégoriques choquent la vraisemblance, à moins qu'on ne suppose, comme il le fait, que cette composition est pu-

(1) Page 184.

rement historique. Erreur dans laquelle M. L. D. B. tombe assez ordinairement ! Comment n'a-t-il pas observé, qu'à l'exception du tableau du *Mariage de la Reine*, tous les tableaux de cette Galerie, aussi bien que tous ceux de la Galerie de Versailles, sont des compositions mixtes & non purement historiques. Eh ! faut-il s'en étonner ? Ce sont là deux Poëmes Epiques que *Rubens* & le *Brun* ont peints à la gloire de leurs Héros. Ils n'ont point pensé à y faire une collection de bulletins ni de gazettes ; mais ils ont ennobli de traits poétiques & ingénieux la représentation des événemens les plus héroïques, sans avoir altéré ni la vérité ni la vraisemblance.

D'ailleurs, il y a deux sortes de vraisemblances. L'historique & la poétique. La premiere parle aux yeux & l'Historien doit toujours s'y asservir scrupuleusement. On n'accusera pas *Rubens* & le *Brun* de s'en être écartés. La seconde se fait entendre à l'imagination par des symboles connus & intelligibles, tels que sont ceux dont ces grands Peintres ont fait usage. Ce langage n'a jamais été interdit à la Peinture ni à la Poésie. Si on les jugeoit par la vraisemblance purement historique, il est peu de tableaux, ou de Poëmes, qui échappassent à la proscription. Qu'y a-t-il de plus contradictoire à cette vraisemblance, que de supposer dans un plafond une multitude de figures en l'air, les unes rassemblées autour d'une table somptueuse, d'autres dansant autour de la statue de *Bacchus*, d'autres traînées dans des chars par de superbes coursiers; d'y voir des Temples, des arbres, des montagnes, des rivieres, les flots même de la mer en courroux se soulevant contre *Neptune* irrité, ou portant sur les ondes tranquilles *Amphitrite* accompagnée de sa Cour, ou d'y voir enfin des vaisseaux armés de mâts & de voiles voguer, ou s'engloutir au-dessus de nos têtes? Pourquoi le spectateur ne se révolte-t-il pas contre une chose, qui non-seulement paroît être, mais qui est en effet contre la vraisemblance physique? C'est qu'il n'ignore pas, que les Peintres ne prétendent point lui en imposer; son imagination est satisfaite; il entend leur langage. Il en est à-peu-près de même de la vraisemblance poétique dont il s'agit ici. Le spectateur sait bien, que les Divinités fabuleuses n'eurent jamais aucune existence & qu'elles ne concoururent jamais à aucune action; mais accoutumé dès l'enfance à entendre & à voir ces sortes de Divinités agir avec les Héros, il apperçoit tout d'un coup ce qu'elles signifient dans un Poëme, dans un Tableau, ou sur le Théatre.

M. L. D. B. ajoute la raison de ce qui le choque dans ce Tableau : « Je » sais bien, dit-il, qu'il ne parut au- » cune des Divinités de la mer à cette » cérémonie, & cette espece de men- » songe détruit une partie de l'effet, » que l'imitation faisoit sur moi. Je » trouve que *Rubens* auroit dû em- » bellir son port d'ornemens plus » compatibles avec la vraisemblan- « ce (1) ». Il propose de substituer des *Forçats* aux *Nereïdes* & aux *Tritons*. Autant vaudroit, ce me semble, pré-

(1) Page 184.

férer de faire annoncer dans un Tableau l'*Avenement* d'un Roi à la couronne, ou quelqu'un de ses exploits par un Trompette ou par des Hérauts, plutôt que par des *Renommées* & des *Victoires*, ainsi que le *Brun* a fait publier à celles-ci la gloire de Louis XIV, & que *Rubens* lui-même leur a fait annoncer, aussi bien que par *Saturne*, la *Félicité* de la Régence de Marie de Médicis. Qu'on juge, si les Divinités maritimes que *Rubens* a introduites dans le Tableau du *Débarquement* de la Reine n'offrent pas des idées plus nobles & plus pittoresques que celles qu'auroient offertes des *Forçats*. Un *Triton* sonnant de sa conque exprime l'allégresse publique avec plus de simplicité & d'énergie, plus d'art & de naturel, plus de poésie & plus de clarté, que n'auroit fait une populace entiere occupée à allumer des feux & à se livrer aux mouvemens de joie les plus extraordinaires.

M. L. D. B. invoque ici l'autorité d'Horace, qui prescrit à l'Artiste de ne pas exiger du spectateur une foi aveugle & qui se soumette à tout. Mais on prend ici le précepte à contresens. « Si vous ne travaillez que pour plaire, » dit le Poëte, que vos fictions soient » vraisemblables »! Il explique, en quoi consiste cette vraisemblance. « N'obligez pas le spectateur à croire, » qu'une Lamie, par exemple, ayant » dévoré un enfant, on le retira en- » core plein de vie de son esto- » mac (1) ». Horace auroit-il mis au même rang les *Tritons* & les *Néréïdes* du Tableau de *Rubens*, lui qui ne blâme point qu'on introduise sur la scene des *Faunes* tirés des forêts (2)? Il condamne seulement l'idée peu assortie du Peintre, qui représenteroit des *Dauphins* dans un bois ou des *Sangliers* dans les mers (3). Mais il adopte l'ingénieuse Allégorie d'*Orphée*, qui

(1) Ficta voluptatis causâ sint proxima veris;
Nec quodcumque volet poscat sibi fabula credi.
Neu pransæ lamiæ vivum puerum extrahat alvo.
Horat. de Art. poet.

(2) Silvis deducti caveant me judice Fauni.
Id. ibid.

(3) Delphinum Sylvis appingit, fluctibus aprum.
Id. ibid.

apprivoise les lions & les tygres (1); celle d'*Amphion* qui par les doux accens de sa lyre charmoit les pierres, venant d'elles-mêmes se placer, pour former les murs de Thebes. Image qui justifie pleinement *Rubens*.

Ce n'est pas le seul endroit du Poëte Romain, que M. L. D. B. force de venir à l'appui de son systême. La liberté, qu'Horace atteste avoir toujours appartenu aux Peintres & aux Poëtes, M. L. D. B. l'explique ainsi : » C'est-à-dire que cette licence ne » s'étend pas à rassembler dans un » même Tableau des choses incom- » préhensibles (2) ». Et il applique ce précepte aux traits allégoriques, dont les Peintres & les Poëtes égayent & annoblissent leurs compositions. Horace explique lui-même tout de suite en quoi consiste cette incompatibilité. « Ce droit, dit-il, ne s'étend point » jusqu'à forcer la nature ; jusqu'à ac-

(1) Silvestres homines sacer interpresque Deorum. Cædibus & victu fœdo deterruit Orphæus, &c. *Id. ibid.*

(2) Page 187.

» coupler des bêtes farouches avec » celles qui sont apprivoisées, les oi- » seaux avec les serpens, les tigres » avec les agneaux (1) ». Il avoit dit quelques vers auparavant : « Pour- » roit-on s'empêcher de rire d'un Pein- » tre, qui représenteroit la tête d'un » homme sur le cou d'un cheval, ou » qui joignant ensemble les membres » de différente espece d'animaux les » couvriroit de divers plumages & » les termineroit tous, en sorte que » le haut de la figure représenteroit » une belle femme & le bas un mons- » tre marin (2) » ? N'est-ce pas abuser de l'autorité d'Horace, que d'appliquer à *Rubens* un pareil reproche ? Ses traits allégoriques ne ressemblent du tout point aux Monstres, dont parle

(1) Sed non ut placidis coheant immitia, non ut
Serpentes avibus geminentur, tigribus agni.

Iem. ibi. vers. init.

(2) Humano capiti cervicem Pictor equinam
Jungere si velit, & varias inducere plumas,
Undique collatis membris ; ut turpiter atrum
Desinat in piscem mulier formosa supernè ;
Spectatum admissi risum teneatis, amici ?

Iem. ibid. init.

ce Poëte, ni à celui que dépeint Corneille :

Ce monstre à voix humaine, aigle, femme & lion (1).

» Ces Divinités fabuleuses, ajoute » M. L. D. B., ne doivent point avoir » part dans les compositions histori- » ques, qui représentent des événe- » mens arrivés depuis l'extinction du » Paganisme & dans le tems, où elles » avoient perdu l'espece d'*être*, que » l'opinion vulgaire leur avoit don- » née en d'autres siecles. Elles ne peu- » vent être introduites que comme » des figures allégoriques & des » symboles. Or nous avons déja » vu, que les personnages allégori- » ques ne doivent entrer dans les » compositions historiques, que com- » me des personnages symboliques, » qui dénotent les attributs des per- » sonnages historiques (2) ».

Il est vrai que nous avons vu, que M. L. D. B. l'a dit, mais il ne l'a prouvé nulle part ni par des autorités, ni par des exemples.

(1) Œdipe.
(2) Page 188.

Quant aux préjugés du Paganiſme, qu'il fait valoir ici comme une raiſon victorieuſe pour proſcrire les perſonnages allégoriques des compoſitions qui repréſentent les faits arrivés après l'extinction de l'idolâtrie, ne ſeroit-ce point là une ingénieuſe équivoque, également aiſée à diſſiper & peu propre à ſéduire?

Tout le monde ſait que *Rubens* & le *Brun* ne ſuppoſent point à *Jupiter*, à *Neptune*, à *Mars*, à *Minerve*, &c. une véritable exiſtence; mais perſonne n'ignore ce que repréſentent ces Divinités; qu'elles ſont les ſymboles, quoique profanes, de la *Toute-puiſſance*, de l'*Empire des Mers*, de la *Valeur*, de la *Sageſſe*, &c. Ce ne ſont pas là chez les Chrétiens des Divinités, ce ſont des attributs perſonnifiés. Les Poëtes les font parler; les Peintres leur prêtent l'action. La *Religion* n'eſt nullement intéreſſée dans ces repréſentations. « Les livres qui firent l'occupation de nos jeunes ans, la vraiſemblance poëtique qu'on trouve à voir un Héros ſecouru par des Divinités emblématiques, nous met-

» tent en disposition de nous prêter » sans aucune peine à la fiction. A force » d'entendre parler de *Jupiter* & des » autres Dieux, nous sommes en ha» bitude de les regarder comme des » êtres (métaphysiques) sujets aux » passions du même genre que les » nôtres (1) ». Quand nous voyons dans un tableau de le *Brun*, *Neptune*, *Mars* & *Minerve* offrir à Louis XIV des vaisseaux, des armes, des provisions de guerre & de bouche, nous distinguons aisément le genre d'existence que ces Divinités ont dans l'imagination, d'avec le genre d'existence qu'a eu ce grand Roi. C'est ce qu'on pourroit répondre à M. L. D. B. d'après lui-même.

Il continue : « dans les compositions purement allégoriques il n'en» tre que des personnages symboli» ques(2) » ; & il cite les deux Tableaux du Correge, où ce grand Peintre a représenté dans l'un, l'*Homme tyrannisé par le Passions*, & dans l'autre, l'*Em-*

(1) Page 189.
(2) Page 191.

pire de la Vertu sur les Passions de l'Homme. Si le *Correge*, à l'Homme en général, avoit substitué un personnage historique, tel qu'*Augustin* avant & après sa conversion, auroit-on pu blâmer l'Artiste célebre, d'avoir personnifié les *Passions*, d'en faire des acteurs & de les peindre dans des pays & dans des siecles chrétiens?

M. L. D. B. semble néanmoins se réconcilier quelquefois avec ces fictions. Après avoir défini ce que c'est qu'une composition mixte, il en donne pour exemple, l'*Apothéose d'Henri IV* (que *Rubens* a associée dans un même Tableau avec l'*Avénement de la Reine de Médicis à la Régence*), sans néanmoins condamner cette ordonnance pittoresque. Cependant c'est peut-être de tous les Tableaux de *Rubens*, celui où il a introduit plus de personnages allégoriques, & qui sont là, à l'égard du rôle qu'ils jouent, de la nature des *Syrenes* & des *Tritons*; objets peu goûtés par M. L. D. B. dans le Tableau du *Débarquement de la Reine.* Dans l'*Apothéose* d'Henri IV, c'est *Saturne* qui enleve ce Prince; c'est *Jupiter* qui le reçoit à la porte de l'Olympe ; toutes les Divinités fabuleuſes aſſiſtent à cette *Apothéoſe* & augmentent le luſtre de cette fête ; *Bellone* & la *Victoire* portent les trophées de ce grand Roi ; le Ciel & la Terre prennent part à ſa gloire, tandis que la malice infernale, ſous la figure d'un *Serpent* percé d'une flêche mortelle, fait les derniers efforts pour flétrir ſa mémoire. De l'autre côté du tableau, *Minerve* & la *Prudence* ſuggerent à la Reine de prendre le gouvernement, le timon de l'Etat. La *Régence* & la *France* perſonnifiées le lui préſentent, & à juger de cette magnifique compoſition par les principes qu'a établis M. L. D. B. ſur l'Allégorie pittoreſque, on pourroit à bien des égards la regarder comme ſuſceptible de traits de cenſure : il s'en faut cependant beaucoup qu'elle les mérite.

Il raſſemble peu après toutes les pointes de la critique contre ces deux ſuperbes Galeries. « On voit, dit-il, » dans la Galerie de Verſailles beau-» coup de morceaux de peinture, » dont le ſens enveloppé trop miſté-

» rieusement échappe à la pénétration » des plus subtils & passe les lumieres » des mieux instruits. Tout le monde » est informé des principales actions » de la vie du feu Roi, laquelle fait le » sujet de tous les tableaux; & l'in- » telligence des curieux est encore ai- » dée par des inscriptions placées sous » les sujets principaux. Néanmoins il » reste encore une infinité d'allégo- » ries & de symboles, que les plus » lettrés ne sçauroient deviner. On » s'est vu réduit à mettre sur les tables » de ce magnifique vaisseau, des livres » qui expliquassent & qui donnassent, » pour ainsi dire, le net de ces chif- » fres. On peut dire la même chose » de la Gallerie du Luxembourg. Les » personnes les mieux informées des » particularités de la vie de Marie de » Médicis, comme les plus sçavantes » dans la Mythologie & dans la science » des emblêmes, ne conçoivent pas la » moitié des pensées de *Rubens*; peut- » être même qu'elles n'en devineroient » pas le quart sans les explications » qu'on en a données (1) ».

(1) Pages 199 & 200.

Nous convenons en général, que les Allégories portent avec elles un caractere énigmatique. A cet égard les sujets nouveaux de l'Histoire, & qui n'ont point encore été traités en Peinture, ont presque le même inconvénient ; seroit-il raisonnable d'en conclure la proscription des uns & des autres ? Les inscriptions ont été imaginées & on les emploie pour rappeller le souvenir des faits & non pour en instruire ceux qui les ignorent ; mais les livres qui les expliquent en éclaircissent les principales circonstances. C'est avoir, ce me semble, bien mauvaise opinion du spectateur, que l'on suppose *connoître les particularités de la vie de Marie de Médicis & de celle de Louis XIV*, s'il est d'ailleurs *instruit dans la Mythologie* & *dans la science des Emblêmes*, de croire qu'il ne conçoit pas les images que *Rubens* & le *Brun* en ont tracées. J'aurois autant de peine à concevoir comment un Littérateur instruit des affreuses catastrophes de la Ligue, des circonstances de la *Prise* de Namur, ou de celles du *Passage* du Rhin, ne comprend rien aux frappantes peintures de la *Henriade*, au sublime enthousiasme de l'*Ode* de Despréaux (1), ni aux images ingénieuses dont ce Poëte a enrichi sa quatrieme *Epître* au Roi. Les beautés poétiques, dont le sens de ces chefs-d'œuvres est mystérieusement enveloppé, échappent-elles à la pénétration des plus subtils Connoisseurs ? Les mysteres, qui enveloppent les tableaux, dont il s'agit ici, ne sont pas plus impenétrables.

En vain, sans articuler aucun trait précis M. L. D. B. ajoute : « Que ces » Allégories sont des énigmes plus » obscures que ne le furent jamais » celles du *Sphinx* (2) ». Si les énigmes du *Sphinx* n'eussent pas été plus obscures, que l'action des *Divinités* introduites par ces grands Peintres, il n'en eût pas coûté la vie à tant de Thébains, & Œdipe trop criminel d'ailleurs n'eût pas joint l'inceste au parricide. Nous ne répondrons point à toutes ces critiques vagues, & nous

(1) *Sur la prise de Namur.*
(2) Page 198.

n'entreprendrons point de faire l'apologie d'un défaut qu'on ne sçauroit détailler. A en juger par ceux qu'on a relevés, il ne seroit pas bien difficile de faire l'apologie des autres.

M. L. D. B. se fait lui-même, contre son systême, une objection, qui vient tout naturellement dans l'esprit de son Lecteur. « Vous réduisez donc, se fait-» il dire, les Peintres à la condition » de simples Historiens, sans faire at-» tention, que l'invention & la Poé-» sie sont de l'essence de la Peinture. » Vous voulez éteindre dans l'imagi-» nation des Peintres ce feu, qui mé-» rite qu'on les traite quelquefois » d'Ouvriers divins, pour les réduire » aux fonctions d'un Annaliste scru-» puleux. Je réponds, ajoute-t-il, » que l'enthousiasme qui fait les Pein-» tres & les Poëtes ne consiste pas dans » l'invention des mysteres allégori-» ques, mais bien dans le talent d'en-» richir ses compositions par tous les » ornemens, que la vraisemblance du » sujet peut permettre, ainsi qu'à don-» ner la vie à tous ses personnages

» par l'expreſſion des paſſions (1) ».

M. L. D. B. confond ici trois parties de la compoſition que l'on doit bien diſtinguer. 1°. La poéſie de ſtyle, qui conſiſte dans l'expreſſion des paſſions. 2°. L'hiſtorique de la compoſition, qui repréſente les principales circonſtances du ſujet, dont un Peintre peut & doit l'orner pour conſerver la vraiſemblance hiſtorique. 3°. Le poétique de la compoſition, qui conſiſte en partie à retracer, ſous des Allégories connues, des circonſtances qui ne ſçauroient ſe repréſenter ſur la toile, ou qui les repréſentent avec plus de nobleſſe. *Raphaël*, *Pouſſin*, le *Sueur* ont excellé dans les deux premieres parties. *Rubens* & le *Brun* ont fait paroître qu'ils excelloient dans toutes les trois; & ils ſont en même tems des modeles à propoſer au ſujet du poétique de la compoſition. Il eſt conſtant qu'un Artiſte ne doit point négliger la poéſie de ſtyle, ni l'hiſtorique du ſujet; ce ſont deux parties eſſentielles à la peinture; mais com-

(1) Page 206.

bien est-il digne d'éloges, quand il produit des compositions poétiques aussi ingénieuses & aussi expressives, aussi nobles & aussi nécessaires, que sont celles des Galleries de Versailles & du Luxembourg ? On pourroit même douter, si M. L. D. B. avoit présent à l'esprit ce qu'on appelle le *Poëtique* d'une composition ; du moins c'est ce qu'il donne à entendre dans le texte que nous venons de citer, & où il n'en fait aucune mention, quoique ce soit de cette partie qu'il s'agisse dans l'objection. Ce qu'il dit du poétique pittoresque dans la *XXXI sect.* n'en donne qu'une idée bien imparfaite. Il le confond presque toujours avec la partie qu'on nomme *Expression.* Elle fait, il est vrai, partie du poétique, mais le poétique renferme une idée plus étendue & en particulier les circonstances allégoriques que le Peintre juge convenables à son sujet. Les Connoisseurs & les Artistes n'ont point négligé de recommander & d'exalter cette portion de l'ordonnance pittoresque. M. Felibien écrivoit sous les yeux de l'Académie :

» Que le grand Peintre devoit non-» seulement représenter les grandes » actions, comme les Historiens, ou » les sujets agréables comme les Poë-» tes; mais qu'il falloit encore que » par des compositions allégoriques, » il sçût couvrir sous le voile de la » Fable les vertus des Grands Hom-» mes & les mysteres les plus relevés. » C'est, ajoute-t-il, en quoi consiste » la force, la noblesse & la grandeur » de cet Art; & c'est particuliérement » ce que l'on doit apprendre de bonne » heure, & dont il faut donner des » enseignemens aux Eleves (1). Il faut, » dit M. Ant. Coypel, que le grand » Peintre se transforme en autant de » caracteres, qu'il veut en représen-» ter. Il doit sçavoir, par d'ingénieuses » Allégories, donner des corps aux » idées mêmes, & tromper tellement » les yeux & l'esprit, qu'il fasse pren-» dre pour des vérités des choses qui » n'ont jamais été & qui ne peuvent » jamais être (2) ». Le principe de la

(1) *Confér. de l'Acad. Felibien*, page 15.
(2) *Discours*, page 3.

vraisemblance qu'établit M. L. D. B. s'évanouit à la lueur du flambeau de ces autorités.

Il ajoute : « Il faut avoir une imagi-» nation plus féconde & plus juste » pour imaginer & pour rencontrer » les traits dont la nature se sert » dans l'expression des passions, que » pour inventer des figures emblléma-» tiques (1) ».

Cette raison ne paroît pas victorieuse. De ce qu'il est plus difficile de bien dessiner la nature & de bien colorier, que d'habiller ses personnages suivant le costume dont les livres instruisent les Artistes, s'ensuit-il qu'ils doivent négliger cette partie de la composition, qui appartient à l'historique d'un tableau ? D'ailleurs ne faut-il pas avoir une intelligence sage & judicieuse, pour faire le choix des traits allégoriques qui expriment certaines circonstances du sujet, pour les y appliquer à propos, & pour donner à ces personnages feints tout le caractere & toute la force d'expression qui leur convient ?

(1) Page 207.

M. L. D. B. finit ses réflexions critiques contre l'Allégorie pittoresque par une difficulté qu'il se fait à plaisir : « Mais, diront les partisans de l'es-» prit, ne doit-il pas y avoir plus de » mérite à inventer des choses, qui » ne furent jamais pensées, qu'à co-» pier la nature, ainsi que fait votre » Peintre, qui excelle dans l'expres-» sion des passions (1) ».

Le sçavant Académicien n'a pas de peine à triompher d'un fantôme, qu'il semble n'avoir forgé que pour avoir la gloire de le terrasser. Il fait sentir fort judicieusement toutes les difficultés qu'il faut surmonter pour exceller dans l'expression ; mais quoique les mérites soient différens, il ne s'ensuit pas que l'on doive négliger le moindre ; & pour nous servir d'une comparaison dont il fait quelquefois usage ; quoiqu'un Poëte tragique excellent soit supérieur à un bon Versificateur, auroit-on droit de conclure, que le premier doive négliger le méchanique de la poesie ?

(1) Page 208.

Ce qui a achevé de nous déterminer en faveur des grands hommes, dont nous faisons l'apologie, c'est que M. L. D. B. convient lui-même de l'utilité des Allégories. Il dévoile les raisons, qu'ont les Peintres, de faire usage de ces personnages allégoriques. Après avoir lu ses maximes précédentes, on auroit de la peine à se persuader ce que nous en disons ici, si nous ne nous étions fait une loi de copier fidèlement ses paroles.

Il établit d'abord que « les Peintres » doivent employer l'Allégorie dans » les tableaux de dévotion, plus sobre- » ment encore que dans les tableaux » profanes (1) ». Il consent « que la » *Foi* & *l'Espérance* soutiennent un » mourant, que la *Religion* paroisse » affligée aux pieds d'un Evêque » mort.... & que la *Foi* soit représen- » tée à côté d'un Saint, qui fait un » miracle (2) ». Toutes ces figures sont allégoriques; elles ne seront pas sans doute représentées en statues, ou

(1) Page 203.
(2) *Ibid.*

en *thermes*, comme *l'écu des armes*, ſuivant le premier projet de M. L. D. B. Or dans les compoſitions profanes, le génie de la *Félicité* & de l'*Abondance* ſont des ſymboles auſſi connus des perſonnes tant ſoit peu lettrées, que les vertus dont il parle pourroient l'être, quelque attribut qu'on leur donnât.

On peut donc introduire des perſonnages allégoriques dans toute ſorte de compoſitions, & par conſéquent leur donner une action. Dès qu'on prête un corps à un *Etre* métaphyſique, pourroit-on lui refuſer l'ame & le ſentiment? Quel autre moyen de diſtinguer l'*Etre* animé, de l'Automate!

« Quoique l'action de ces compoſi» tions mixtes, c'eſt M. L. D. B. qui » parle, ſoit feinte..... néanmoins, » comme une partie de leurs perſon» nages ſont hiſtoriques, on peut met» tre le ſens de ces fictions à la portée » de tout le monde, & les rendre ainſi » capables de nous inſtruire, de nous » attacher & même de nous inté» reſſer (1) ».

(1) Page 195.

Il dit encore quelque chose de plus précis : « Les Peintres tirent de grands » secours (de ces Allégories), ou pour » exprimer beaucoup de choses qu'ils » ne pourroient pas faire entendre » dans une composition historique, » ou pour représenter en un seul ta- » bleau plusieurs actions, dont il sem- » ble que chacun demandât une toile » séparée.... & des événemens qu'un » Historien ne pourroit narrer qu'en » plusieurs pages (1) ». Il cite pour exemple le tableau du *Passage du Rhin* (2) ; composition, qui renferme une multitude de traits allégoriques ! C'est, ajoute M. L. D. B. « l'image vé- » ritable de la guerre que la France » déclara aux États - Généraux en » 1672 ». On ne pouvoit faire un éloge mieux frappé de cette composition allégorique.

« Il seroit superflu, ajoute M. L. D. B. » de prendre beaucoup de peine pour » persuader aux Peintres, qu'on peut » faire quelquefois un bon usage des

(1) Page 196.
(2) *Voyez ci-dessus*, p. 26.

» compositions & des personnages al-
» légoriques (1) ».

Si l'on peut faire un bon usage des personnages allégoriques, s'ils peuvent paroître acteurs sur la scene, tels qu'ils sont dans le tableau, dont on vient de parler, si l'on peut les employer avec discrétion & sans excès dans les sujets, qui en sont susceptibles, M. L. D. B. auroit dû prouver par des exemples détaillés les occasions où *Rubèns* & le *Brun* se sont écartés de ces regles.

De cette discussion critique résultent deux points importans sur le sujet que nous traitons. L'un concerne la these générale sur l'Allégorie, l'autre regarde l'usage particulier qu'en ont fait *Rubens* & le *Brun*.

1°. Il paroît décidé par M. L. D. B. même, que la Peinture peut & doit même introduire des figures allégoriques; qu'elle doit les mettre en action, pourvu que l'intelligence de leurs symbôles soit à la portée des personnes un peu lettrées, & que ces figu-

(1) Page 197.

res soient nécessaires pour expliquer quelques circonstances de l'événement, qui ne sçauroient être rendues sur la toile d'une maniere plus ingénieuse, plus noble & plus expressive.

2°. Il n'est pas moins constant, que M. L. D. B. n'a prouvé nulle part, que les Allégories qu'il critique dans les Galleries du Luxembourg & de Versailles contredisent cette regle générale.

Au reste, en nous bornant à faire l'apologie de *Rubens* & de le *Brun*, que nous avons cru devoir à leur mémoire, nous rendons justice à la vérité & à la solidité des autres réflexions critiques de M. L. D. B. sur la Peinture. Nous en faisons un si grand cas, que nous en avons inséré quelques morceaux dans notre Traité de Peinture. Cet habile Littérateur a, sans y penser, expliqué la raison de ses critiques : « Chacun, dit-il ailleurs, » opine en supposant comme une » chose décidée, que la partie de la » Peinture qui lui plaît davantage, » est la partie de l'Art qui doit avoir » le pas sur les autres, & c'est suivant

» le même principe, que les hommes » se trouvent opposés de sentimens : » *Trahit sua quemque voluptas.* Ils au- » roient raison si chacun se contentoit » de juger pour soi. Leur tort est de » vouloir juger pour tout le mon- » de (1) ». Pour nous, contens d'avoir exposé notre sentiment & les raisons que nous avons de ne pas nous rendre à celui de M. L. D. B. sur l'Allégorie pittoresque, nous laissons aux Connoisseurs le droit de décider de la valeur de l'un & de l'autre.

---

(1) Page. 478.

FIN.

46

EXTRAIT des Registres de l'Académie Royale de Peinture & de Sculpture.

LE Secrétaire a lu, à l'Assemblée du 5 Juillet 1777, un Manuscrit de M. Dandré Bardon, adjoint à Recteur, qui a pour titre, *Apologie des Allégories introduites dans les Galleries du Luxembourg & de Versailles*; ou *Examen de quelques réflexions critiques de M. l'Abbé Du Bos sur les Allégories.* L'Académie en a entendu la lecture avec plaisir; elle y a remarqué partout une discussion honnête & judicieuse, telle qu'on devoit l'entendre de M. Dandré Bardon, vis-à-vis d'un adversaire du mérite de M. l'Abbé Du Bos, & elle lui en a témoigné sa satisfaction, en lui permettant de jouir du Privilége à elle accordé par Arrêt du Conseil d'Etat du 28 Juin 1714. Ce 5 Juillet 1777.

RENOU, Peintre du Roi, & Secrétaire-Adjoint de son Académie de Peinture & de Sculpture.

www.ingramcontent.com/pod-product-compliance
Ingram Content Group UK Ltd.
Pitfield, Milton Keynes, MK11 3LW, UK
UKHW022140170726
13837UKWH00004B/1694